Coppa del Mondo 2022, Costruita su 6500 Teschi e Odio?

Come il Qatar ha corrotto il mondo del calcio, usa la schiavitù moderna e promuove la disuguaglianza

Edizione 3.0

REBEL PRESS MED

Esclusione di responsabilità

La FIFA nega le accuse

Gianni Infantino nega incredibilmente che almeno 6.500 persone siano state uccise nella costruzione degli stadi della Coppa del Mondo in Qatar, come precedentemente riportato al Guardian da varie autorità. Secondo il presidente della FIFA, il bilancio reale delle vittime è di sole tre persone. "E sono ancora tre di troppo", ha detto Infantino al Consiglio d'Europa di Strasburgo, che aveva invitato il presidente della FIFA.

Il Guardian ha calcolato nel febbraio 2021 che almeno 6.500 persone sono state uccise in Qatar durante i lavori per l'imminente Coppa del Mondo. Si trattava di lavoratori migranti che, ad esempio, stavano costruendo gli stadi o gli aeroporti che avrebbero dovuto essere presenti per il torneo. Il numero totale di morti è stato riportato da India, Pakistan, Nepal, Bangladesh e Sri Lanka, i cinque Paesi asiatici da cui provengono molti lavoratori migranti. È probabile che il numero totale di morti sia molto più alto perché molti lavoratori provengono anche dalle Filippine e dal Kenya, ad esempio. Questi Paesi non hanno reso note le cifre.

Si tratta quindi di tassi di mortalità riportati dai Paesi da cui provengono i lavoratori migranti. Infantino, però, sembra dare la colpa ai "media". "Devo correggere alcune cose", ha detto lo svizzero a Strasburgo. "Posso ancora accettarlo da alcuni media, ma sento anche qui oggi che 6.500 persone sono morte in Qatar. Questo semplicemente non è vero. Le cifre reali sono: tre persone morte. E sono ancora tre di troppo". Infantino non fornisce alcuna prova di questa affermazione.

Infantino contesta anche il fatto che i lavoratori in Qatar debbano lavorare in condizioni deplorevoli, come ampiamente riportato da diversi media internazionali. "Con il lavoro, diamo dignità alle persone", ha detto il capo della FIFA. "Le condizioni di lavoro sono le stesse dell'Europa". Il giorno prima Infantino aveva suscitato scalpore anche per le sue dichiarazioni sui rifugiati africani.

All'incontro di Strasburgo, Infantino ha difeso il suo progetto di organizzare una Coppa del Mondo biennale. Nel farlo, il capo della FIFA ha insinuato che la sua idea potrebbe garantire che meno migranti africani muoiano durante l'attraversamento dell'Europa. Infantino ha affermato che "il calcio può contribuire a migliorare la vita delle persone in tutto il mondo". "Con questo tipo di progetto dobbiamo dare speranza alle persone, in modo che non vogliano più fuggire", ha detto. Infantino ha rettificato queste affermazioni poco dopo, dicendo che stava parlando in generale di progetti che possono contribuire allo sviluppo del continente africano.

Indice dei contenuti

La storia delle accuse della FIFA

Quattordici persone, nove delle quali legate all'organo di governo del calcio mondiale, la FIFA, sono state incriminate nel maggio 2015 dal Federal Bureau of Investigation (FBI) degli Stati Uniti con il sospetto di corruzione, estorsione e riciclaggio di denaro per un periodo di diversi anni. Sette funzionari della FIFA sono stati arrestati il 27 maggio presso l'Hotel Baur au Lac di Zurigo. Si prevede che saranno estradati negli Stati Uniti perché sospettati di aver ricevuto 150.000.000 di dollari in tangenti.

Gli arresti sono avvenuti a ridosso del 65° Congresso della FIFA, durante il quale si sarebbe dovuto eleggere il nuovo presidente dell'organizzazione calcistica. Diverse associazioni calcistiche, in particolare quelle europee, hanno chiesto l'allontanamento del presidente in carica Sepp Blatter. Tuttavia, Blatter non si è ritirato, sconfiggendo il suo candidato avversario Prince Ali nelle elezioni presidenziali con 133 voti su 209. Pochi giorni dopo, ha comunque annunciato la sua partenza, affermando di non avere il sostegno di tutto il mondo del calcio.

Gli arresti riguardano principalmente sospetti di corruzione, frode e riciclaggio di denaro nell'assegnazione dei diritti mediatici e di marketing per le partite FIFA nelle Americhe e per la Copa América Centenario 2016 negli Stati Uniti. Le accuse riguardano anche la corruzione nella sponsorizzazione dell'abbigliamento da calcio, nel processo di selezione del Paese ospitante la Coppa del Mondo 2010 e nelle elezioni presidenziali FIFA del 2011.

Chuck Blazer, ex funzionario della CONCACAF, ha aiutato l'FBI nelle indagini dopo la sua dichiarazione di colpevolezza segreta in un processo del 2013.

Il 21 dicembre, il comitato etico della FIFA ha sospeso Sepp Blatter e Michel Platini per otto anni per violazione del codice etico. Blatter sarà inoltre multato di 50.000 franchi svizzeri e Platini dovrà pagare 80.000 franchi svizzeri. Entrambi sono stati interdetti da tutte le attività legate al calcio a livello nazionale e internazionale.

Nel maggio 2016 è stato rivelato che Sepp Blatter e altri due ex dirigenti della FIFA si sono arricchiti con 72 milioni di euro. Si tratta di Jerome Valcke, ex segretario generale della FIFA, e Markus Kattner, che era direttore finanziario della federazione calcistica mondiale. I tre ex alti dirigenti della FIFA avrebbero concesso a se stessi e agli altri ingenti aumenti di stipendio annuali, assegnato bonus per la Coppa del Mondo e diviso tra loro altri bonus. Secondo la FIFA, c'era un modus operandi coordinato tra il trio, che in precedenza era stato costretto a dimettersi a causa dello scandalo delle tangenti e della corruzione nella federazione calcistica mondiale. Tutte queste maggiorazioni finanziarie non corrispondevano alle cifre riportate nei registri ufficiali.

La FIFA ha consegnato i risultati dell'indagine interna all'ufficio del pubblico ministero in Svizzera. La federazione calcistica mondiale informerà anche il Dipartimento di Giustizia degli Stati Uniti. Entrambe le agenzie stanno indagando su casi di cattiva gestione della FIFA.

A metà 2019, Jack Warner, ex vicepresidente della FIFA, è stato condannato da un giudice di New York a una pesante multa di 79 milioni di dollari. La causa era stata intentata dalla CONCACAF, la federazione calcistica del Nord e Centro America e dei Caraibi, di cui Warner è stato responsabile fino alla sua sospensione nel 2011. Warner è stato accusato di appropriazione indebita e corruzione ed è stato sospeso a vita dalla federazione calcistica mondiale. Warner è ancora fuori su cauzione a Trinidad e Tobago, ma gli Stati Uniti hanno in corso una richiesta di estradizione nei suoi confronti.

Un passato di scandali?

L'arresto di sei funzionari della FIFA ha segnato un enorme scandalo per la federazione calcistica mondiale. Negli ultimi anni, l'associazione è passata da un incidente all'altro.

Lo scandalo ISL: Tra il 1992 e il 2000, la società ISL ha pagato tangenti a funzionari della FIFA, tra cui l'allora presidente brasiliano Joao Havelange. La società di marketing acquistava diritti di trasmissione di eventi importanti per milioni e li rivendeva. Gli alti funzionari della FIFA hanno intascato "ingenti somme di denaro", come ha rivelato un'indagine del 2013. L'attuale presidente Sepp Blatter ne è uscito indenne, anche se gli investigatori si sono chiesti ad alta voce se non fosse a conoscenza della corruzione.

Elezioni 1998: L'elezione presidenziale poco prima dei Mondiali di calcio in Francia non è priva di sospetti. Blatter sconfigge lo svedese Lennart Johansson e diventa presidente. Prima dell'elezione, si dice che i delegati africani siano stati corrotti in un hotel di Parigi. Blatter ha sempre respinto questa accusa.

I Mondiali di calcio del 2018 e del 2022: La Russia e il Qatar, organizzatori dei Mondiali del 2018 e del 2022, avrebbero pagato tangenti alla FIFA per assicurarsi questi tornei. Nel 2010, entrambi i Paesi si sono effettivamente aggiudicati l'organizzazione. La FIFA ha successivamente indagato sulle numerose accuse di corruzione, ma l'anno scorso ha concluso che non c'erano state gravi violazioni delle regole. Anche questo risultato è stato messo in discussione.

Elezioni 2011: Nel 2011 Blatter ha trovato un serio sfidante alla presidenza della FIFA nella persona di Mohammed bin Hammam del Qatar. Bin Hammam si è però ritirato dalle elezioni perché accusato di corruzione. Avrebbe corrotto funzionari dei Caraibi nella sua caccia alla presidenza. Allo stesso tempo, ci sono accuse che Bin Hammam abbia trasferito denaro a funzionari per l'organizzazione della Coppa del Mondo in Qatar. La federazione del Qatar lo nega.

Biglietti della Coppa del Mondo: Secondo le accuse, diversi funzionari della FIFA sono entrati nel mercato nero con i biglietti della Coppa del Mondo. Il principale sospettato è Jack Warner di Trinidad e Tobago, che è stato citato in numerosi scandali FIFA. Avrebbe rivenduto i biglietti nel 2002 e nel 2006, ricavandone ingenti guadagni. Anche Ismail Bhamjee del Botswana avrebbe rivenduto biglietti nel 2006. Nel 2014, il figlio dell'alto funzionario argentino della FIFA Julio Grondona avrebbe rivenduto dei biglietti.

1973 - João Havelange al potere
João Havelange ha esercitato lo scettro di presidente della FIFA dal 1973 al 1998. L'ormai 99enne brasiliano, più o meno il mentore di Blatter, secondo quanto riferito, non è salito al potere in modo molto pulito.

Il giornalista investigativo tedesco Thomas Kistner scrive nel suo libro FIFA Mafia che Havelange ha corrotto i membri del consiglio di amministrazione africano per rimuovere il britannico Stanley Rous dal trono di capo della FIFA. Horst Dassler, il figlio del fondatore di Adidas, avrebbe avuto un ruolo in tutto questo. Dassler è conosciuto come il fondatore del commercio nello sport. Anche la "stretta collaborazione" tra la FIFA e la società di marketing ISL può essere attribuita a Havelange e Dassler.

Anche Andrew Jennings, esperto della FIFA, ha già accusato Havelange di corruzione. Il brasiliano avrebbe preso tangenti gigantesche per contratti di marketing e TV.

1986 - L'ISL corrompe alti funzionari della FIFA per i diritti di trasmissione
Dassler stesso ha fondato la società di marketing ISL. L'organizzazione svizzera ha pagato decine di milioni di euro in tangenti ad alti funzionari della FIFA per acquistare i diritti di trasmissione delle Coppe del Mondo, ad esempio.

Di conseguenza, l'ex presidente Havelange ha potuto accreditare sul suo conto bancario oltre un milione di euro di tangenti. Tutto questo è emerso in un processo, dopo il quale Havelange ha consegnato la sua presidenza onoraria della FIFA nel 2013. Blatter era ancora segretario generale all'epoca e ha negato qualsiasi coinvolgimento.

Tra l'altro, ISL non esiste più. L'azienda è fallita nel 2001 a causa dei debiti alle stelle.

1992 - Il Marocco tenta la corruzione per i Mondiali di calcio del 1998.
La Francia si è aggiudicata la Coppa del Mondo del 1998, ma il Marocco, suo rivale, avrebbe tentato di corromperla. Questo secondo una dichiarazione dell'ex membro del consiglio di amministrazione Chuck Blazer all'FBI. Non è noto se anche la Francia abbia versato del denaro per assicurarsi il torneo.

1998 - Blatter eletto con le tangenti
Nel 1998, Blatter è succeduto al suo mentore Havelange come presidente della FIFA. Sconfisse il presidente svedese della UEFA Lennart Johansson, ma la battaglia elettorale non fu del tutto tranquilla. Si dice che siano state distribuite tangenti a dirigenti africani affinché votassero per Blatter.

Un africano avrebbe addirittura lasciato per errore la sua busta di denaro in albergo. Blatter ha respinto tutte le accuse.

L'ambasciatore della Coppa del Mondo è omofobo?

L'ex calciatore del Qatar Khalid Salman, ambasciatore della Coppa del Mondo che inizierà il 20 novembre nel suo Paese, ha fatto commenti poco carini sulla comunità LGBTQ+ e sulle donne in un documentario tedesco. Ha definito l'omosessualità "un danno mentale".
Inoltre, le persone LGBTQ possono venire alla Coppa del Mondo nel suo Paese, ma devono "accettare le regole del Qatar", ha avvertito Salman. Secondo Salman, le donne farebbero meglio a rimanere a casa.

L'ambasciatore della Coppa del Mondo del Qatar ha fatto queste dichiarazioni in un documentario della ZDF tedesca.

Il documentario sarà trasmesso martedì sera.

"Durante la Coppa del Mondo, molte persone entrano nel Paese. Per esempio, i gay", ha detto Salman. "La cosa più importante è che tutti accettino che vengano qui. Ma dovranno accettare le nostre regole".

Salman ha un problema particolare con i bambini che vedono persone gay, perché imparerebbero qualcosa che secondo lui non è giusto. A suo avviso, l'omosessualità è haram e quindi vietata. "È una malattia mentale", ha detto.

L'intervista si è conclusa rapidamente dopo questa dichiarazione del portavoce del comitato organizzatore.

I gruppi di interesse della comunità LGBTQ+ vogliono un avviso di viaggio
Il governo tedesco deve emettere un avviso di viaggio, ha dichiarato martedì la LSVD. La LSVD è il più grande gruppo di interesse per la comunità LGBTQ+ in Germania ed è paragonabile alla COC olandese.

Il membro del consiglio direttivo della LSVD Alfonso Pantisano ha definito le dichiarazioni di Salman "inquietanti, ma non sorprendenti". "Continuano a rivelare l'atteggiamento omofobico del regime del Qatar. Ci aspettiamo che il Ministero degli Esteri tedesco emetta un chiaro avviso di viaggio per tutte le persone appartenenti alla comunità LGBTQ+".

Anche il COC Olanda ha reagito alla sentenza. "Questo è ovviamente terribile". L'organizzazione sottolinea che è necessario fare molto di più dell'avviso di viaggio già emesso dai Paesi Bassi. "Il nostro governo, gli altri Paesi, la FIFA, la KNVB e tutti gli altri soggetti coinvolti devono urgentemente chiedere al Qatar di migliorare i diritti umani delle persone LGBTQ+".

Il COC non si preoccupa solo che le persone LGBTQ+ possano viaggiare in sicurezza in Qatar, ma anche della situazione della comunità LGBTQ+ nel Paese stesso. "Lo stesso vale per la questione dei diritti umani delle donne, dei lavoratori migranti e di altre persone nello Stato del Golfo".

Arresti in Qatar

Le autorità del Servizio di sicurezza preventiva del Qatar hanno arrestato arbitrariamente persone lesbiche, gay, bisessuali e transgender, ha concluso lunedì Human Rights Watch in un'indagine. Le vittime sono state maltrattate e abusate sessualmente in prigione.

Human Rights Watch (HRW) ha documentato sei casi di aggressione aggravata e cinque casi di violenza sessuale nei confronti di persone LGBTQ in custodia della polizia tra il 2019 e il 2022.

Le vittime sarebbero state arrestate in luoghi pubblici e i loro telefoni sono stati perquisiti. L'omosessualità è illegale in Qatar.

HRW ha intervistato sei vittime, alcune delle quali affermano di aver subito abusi fino al settembre 2022.

Rasha Younes ha partecipato alle interviste come ricercatrice sui diritti LGBTQ presso Human Rights Watch. "Mentre il Qatar si prepara a ospitare i Mondiali di calcio, le forze di sicurezza arrestano e maltrattano le persone LGBTQ per quello che sono", ha detto. "A quanto pare lo fanno confidando nel fatto che gli abusi delle forze di sicurezza rimarranno non denunciati e non controllati".

Il rilascio delle donne transgender ha imposto loro di sottoporsi a una terapia di conversione presso un centro di "salute comportamentale" sponsorizzato dal governo.

Alle vittime è stata negata l'assistenza legale
Tutti gli intervistati hanno detto di essere stati rinchiusi in una prigione sotterranea nella capitale Doha. Qui i prigionieri venivano maltrattati mentalmente, verbalmente e fisicamente. Alle vittime è stato negato l'accesso all'assistenza legale, alla famiglia e alle cure mediche. Tutte e sei le vittime intervistate hanno detto che la polizia le ha costrette a promettere di "smettere le attività immorali".

Una delle vittime è stata trattenuta in una cella di isolamento per due mesi senza avere accesso all'assistenza legale. Nessuno dei sei arresti è stato registrato, lasciando i parenti all'oscuro di ciò che era accaduto alle vittime.

La controversa Coppa del Mondo ospitata in Qatar è stata a lungo criticata, in quanto il Paese è da anni sotto accusa per le violazioni dei diritti umani. Secondo il Guardian, migliaia di lavoratori sono stati uccisi durante la costruzione degli stadi. Una settimana fa, il Qatar è stato designato come ospite della Coppa d'Asia 2023.

Il Qatar costringe i lavoratori migranti a trasferirsi?

Il Qatar ha evacuato i condomini della capitale Doha in vista dei Mondiali di calcio. Le migliaia di lavoratori stranieri che vi abitano sono stati costretti a lasciare i loro appartamenti senza preavviso. Alcuni sono costretti a dormire su materassi per strada. Lo Stato del Golfo vuole ospitare i tifosi di calcio negli edifici.
Secondo l'agenzia di stampa Reuters, sono coinvolti più di una dozzina di grandi condomini.

Le autorità non avevano annunciato lo sgombero in anticipo. Ai residenti di un edificio nel quartiere di Al Mansoura, che secondo i residenti ospitava 1.200 persone, è stato detto intorno alle 20.00 (ora locale) di mercoledì che dovevano andarsene entro due ore.

Intorno alle 22.30 sono stati letteralmente cacciati dalle loro case e le porte dell'edificio sono state chiuse. Alcuni degli uomini, che non erano ancora al corrente dell'azione, non erano nemmeno tornati in tempo per raccogliere le loro cose. "Non sappiamo dove andare", ha detto un uomo alla Reuters il giorno dopo.

I lavoratori migranti devono lasciare spazio ai tifosi di calcio
Anche i lavoratori migranti che da tempo si guadagnano da vivere nello Stato del Golfo sono stati vittime. Mohammed, un autista del Bangladesh, ha raccontato che viveva nello stesso quartiere da 14 anni quando

mercoledì il comune gli ha comunicato che aveva 48 ore di tempo per lasciare i locali. L'ha condiviso con altre 38 persone.

Ha detto che i lavoratori che hanno costruito le infrastrutture per il Qatar vengono messi da parte man mano che il torneo si avvicina. "Chi ha costruito gli stadi? Chi ha fatto le strade? Chi ha fatto tutto? Bengalesi, pakistani. Ora ci stanno facendo andare via tutti".

Ospitare il Qatar è controverso per diversi motivi
Il torneo, che inizierà il 20 novembre, è molto controverso per le condizioni in cui i lavoratori, per lo più asiatici e africani, hanno dovuto lavorare durante la costruzione degli stadi e delle infrastrutture necessarie. Si dice che le condizioni di lavoro siano state così pessime che molte persone sono rimaste ferite o uccise.

Non solo la costruzione degli stadi è controversa. Ci sono anche molte critiche ai diritti umani nel Paese. Ad esempio, l'omosessualità è proibita, le persone LGBTQ sembrano essere arrestate senza alcuna grazia e in molti hotel è possibile affittare una stanza con un partner solo se si è sposati. Il Qatar avrebbe anche corrotto il personale della FIFA per poter ospitare la Coppa del Mondo.

Un portavoce del governo del Qatar ha dichiarato sabato che gli sgomberi non hanno nulla a che fare con la Coppa del Mondo. L'approccio del governo sarebbe parte di un piano a lungo termine per il rinnovamento di alcune zone di Doha. Secondo il portavoce, a tutti è stata data una nuova sistemazione e le richieste di andarsene "sono state eseguite con un preavviso adeguato".

Amnesty International è incazzata!

Venerdì Amnesty International ha reagito con rabbia alla straordinaria lettera della FIFA firmata dal presidente Gianni Infantino. Nella lettera, la federazione mondiale di calcio ha invitato tutte le nazioni che partecipano alla Coppa del Mondo a "concentrarsi interamente sul calcio".

Se Infantino vuole che il mondo si "concentri sul calcio", c'è una soluzione semplice: La FIFA potrebbe iniziare ad affrontare le gravi violazioni dei diritti umani per una volta, invece di nasconderle sotto il tappeto", ha scritto l'organizzazione per i diritti umani in un comunicato.

La dichiarazione è in risposta alla lettera della FIFA. Nella lettera, la federazione mondiale di calcio chiede ai Paesi partecipanti alla Coppa del Mondo di non impegnarsi in "battaglie ideologiche e politiche che esistono nel mondo".

Nelle ultime settimane, in vista dell'inizio del torneo, un numero crescente di Paesi ha espresso critiche nei confronti del Qatar. L'emirato viene criticato soprattutto per il cattivo trattamento dei lavoratori ospiti e per la violazione dei diritti umani. Ad esempio, l'omosessualità è punita nell'emirato.

"Un primo passo sarebbe che la Fifa sostenesse pubblicamente l'istituzione di un fondo di compensazione per i lavoratori migranti e garantisse

che gli lhbti non siano discriminati o molestati",
continua Amnesty nel messaggio.

Amnesty ritiene che la FIFA dovrebbe invece intervenire
Secondo Amnesty, la FIFA dovrebbe invece intervenire.
Secondo l'organizzazione per i diritti umani,
l'associazione dovrebbe impegnarsi nel fondo di
compensazione, a cui il Qatar ha recentemente
rinunciato. Il ministro dell'emirato ha precedentemente
respinto le richieste di tale fondo come "una trovata
pubblicitaria" da parte di altri Paesi.

"Centinaia di migliaia di lavoratori sono stati impiegati
per rendere possibile questo torneo e i loro diritti non
possono essere dimenticati o sventolati. È sconcertante.
Meritano giustizia e risarcimento, non vuote promesse,
e il tempo stringe", si legge nella dichiarazione.

"Vogliamo che questi problemi siano affrontati prima
dell'inizio della Coppa del Mondo", riferisce
l'organizzazione, che sta lavorando con altri Paesi
europei su questo tema. "Vogliamo una risposta
convincente, che la FIFA ci ha già promesso più volte".

Ultimatum per la FIFA

Il gruppo di lavoro europeo in trattativa con la FIFA sui diritti umani ha dato un ultimatum alla federazione mondiale di calcio e vuole che la federazione rilasci una dichiarazione entro la fine di ottobre su un fondo di compensazione per i lavoratori migranti che hanno sofferto durante la costruzione degli stadi per la Coppa del Mondo in Qatar.

La FIFA aveva promesso di fare chiarezza prima dell'estate, ma con l'avvicinarsi della Coppa del Mondo, l'associazione rimane in disparte sulla questione.

Mercoledì scorso, il gruppo di lavoro e la Federazione mondiale di calcio si sono seduti intorno a un tavolo. Ma questo non ha ancora sortito l'effetto desiderato e quindi si chiede di presentare presto una dichiarazione.

Quali saranno le conseguenze se la FIFA ritarderà ancora, Gijs de Jong, segretario generale della KNVB, non lo dice ancora. Egli fa parte del gruppo di lavoro europeo sui diritti umani, che comprende le associazioni calcistiche tedesche, inglesi e scandinave.

"Stiamo almeno andando in quella direzione, ma valuteremo cosa fare se la questione non verrà risolta", ha dichiarato De Jong. Il quale ritiene che la FIFA "non gradirà molto l'ultimatum", ma continua ad essere fiducioso che la chiarezza arriverà presto. "Ci stiamo lavorando da un anno e mezzo. Ora mancano cinque settimane alla Coppa del Mondo. È ora di fare chiarezza".

Il mese scorso, la KNVB, attraverso un gruppo di lavoro UEFA, ha intensificato le pressioni sulla FIFA per ottenere un fondo di compensazione per i migranti. Da maggio, Amnesty International, Human Rights Watch e i sindacati chiedono alla FIFA di risarcire i lavoratori attraverso un fondo per i danni subiti. Chiedono 440 milioni di dollari. Anche alcuni dei principali sponsor della Coppa del Mondo si sono uniti alla richiesta.

La FIFA parla ancora di tre morti
La FIFA ha risposto con una lettera inviata al gruppo di lavoro UEFA il 28 settembre, che è nelle mani di NIS. Nella lettera, la FIFA ha scritto che riconosce l'importanza del risarcimento per i lavoratori migranti in Qatar e che i parenti più prossimi sono stati risarciti per i tre lavoratori uccisi durante la costruzione degli stadi della Coppa del Mondo.

Secondo le stime di giornalisti investigativi e organizzazioni per i diritti umani, sono migliaia le vittime dei lavori di costruzione da quando la Coppa del Mondo è stata assegnata al Qatar. Ruud Bosgraaf di Amnesty International ha risposto all'inizio di questa settimana alla dichiarazione della FIFA che avrebbe coinvolto tre vittime. "Si tratta di molte decine di migliaia di lavoratori morti, feriti o che non hanno mai ricevuto il pagamento completo dei loro stipendi".

Oltre a un fondo di compensazione, la KNVB vuole anche che in Qatar vengano istituiti i cosiddetti centri per migranti. Questi centri dovrebbero concentrarsi sui diritti dei lavoratori migranti, anche dopo la Coppa del Mondo. Anche su questo punto i colloqui sono in corso. "Ma vogliamo degli impegni", dice De Jong. Il fatto che questi non ci siano ancora quando la Coppa del Mondo inizierà tra cinque settimane non sorprende, dice De Jong, "ma vogliamo che la FIFA si esprima chiaramente".

La storia si ripete?

Molestie e lavoro in condizioni climatiche estreme: lo sfruttamento nella costruzione degli stadi della Coppa del Mondo russa

Gli operai che lavorano in Russia per la costruzione degli stadi che ospiteranno i Mondiali di calcio tra un anno esatto vengono sfruttati e intimiditi.

In un rapporto pubblicato oggi, Human Rights Watch descrive come i lavoratori provenienti da zone povere della Russia o da Paesi come il Tagikistan, l'Uzbekistan e il Kirghizistan, ad esempio, si vedano regolarmente negati i contratti ufficiali e talvolta non vengano pagati per mesi interi. Inoltre, i lavoratori lavorano per ore senza indumenti adeguati in condizioni estreme, con temperature fino a 25 gradi sotto zero.

Quando queste condizioni di lavoro vengono denunciate, i lavoratori vengono minacciati o mandati a casa. E quando gli osservatori della Fifa, la federazione mondiale del calcio, ispezionano il cantiere, i lavoratori sono costretti a rimanere nelle loro case. L'organizzazione per i diritti umani ha condotto una ricerca in sei delle 12 città in cui si gioca. HRW ha parlato con 42 lavoratori a Mosca, San Pietroburgo, Kaliningrad, Rostov, Ekaterinburg e Sochi.

Molestie, licenziamento, detenzione

Il rapporto fa eco ai risultati ottenuti dalle organizzazioni per i diritti umani poco prima delle Olimpiadi di Sochi del 2014. Anche in quel caso, i lavoratori sono stati intimiditi, licenziati quando hanno chiesto chiarimenti e detenuti forzatamente.

HRW ha denunciato la posizione della Fifa. Quindi la federazione calcistica sapeva cosa sarebbe potuto accadere, afferma il direttore di HRW Minky Worden. "Sapevano come si svolgono le cose in Russia e avevano l'obbligo di prestare attenzione a questo aspetto. Questo non è stato fatto".

Descrive San Pietroburgo, dove sabato si giocherà la partita inaugurale della Confederations Cup, il tradizionale torneo di preparazione un anno prima della Coppa del Mondo. Una ricerca della rivista norvegese Josimar ha scoperto che i nordcoreani, tra gli altri, sono stati utilizzati "come schiavi" nell'edilizia. I nordcoreani sono stati utilizzati anche nei lavori di costruzione dello stadio Mokouse Luzhniki di Mosca, come ha mostrato il mese scorso un servizio del canale televisivo tedesco ARD.

Le autorità russe negano fermamente le accuse di violazione dei diritti umani. I diritti umani "sono usati come un'arma nella lotta politica", ha dichiarato recentemente la portavoce del Ministero degli Esteri Maria Zakharova.

Sistema migliorato

Da un anno la Fifa ha migliorato il sistema di monitoraggio delle violazioni dei diritti umani. Giovedì è stato pubblicato un rapporto sui progressi compiuti. Nel 2016 e nel 2017 sono state effettuate 59 visite agli stadi in Russia. Ogni trimestre viene effettuata una visita di due giorni in ogni stadio, ha dichiarato la Fifa.

La Lega non scrive nulla sui risultati di queste visite, tranne che per la situazione a San Pietroburgo. Recentemente la Fifa non ha potuto negare che i lavoratori nordcoreani lavorassero effettivamente in condizioni deplorevoli. In occasione di un'ispezione a marzo, non erano più presenti, ha dichiarato il sindacato in un comunicato.

Secondo il sindacato BWI, che collabora con la Fifa, almeno 17 persone sono state uccise nella costruzione di stadi dall'anno scorso a oggi. Si tratta di un numero inferiore a quello del Qatar, che ospiterà la Coppa del Mondo nel 2022 e che è stato ampiamente criticato per la situazione dei lavoratori, ma superiore a quello delle precedenti Coppe del Mondo.

Ben 17 operai muoiono durante la costruzione degli stadi della Coppa del Mondo in Russia
La Russia è disastrosa quando si tratta di ospitare un grande evento sportivo. Durante la costruzione degli stadi della Coppa del Mondo, dopo i 70 morti di Sotchi, questa volta sono morti 17 operai.

È quanto emerge da un rapporto di Human Rights Watch diffuso mercoledì. A un anno dall'inizio dei Mondiali di calcio, il mirino è già puntato sui diritti umani in Russia. Ad esempio, Human Rights Watch ha pubblicato un rapporto scabroso sulla costruzione di sei stadi della Coppa del Mondo, i cui operai hanno dovuto aspettare mesi per ricevere il loro salario o talvolta non sono stati pagati affatto.

Alcuni operai hanno dovuto continuare a lavorare a temperature fino a -25 gradi Celsius senza alcuna protezione. "Questo dovrebbe essere un campanello d'allarme", ha dichiarato al New York Times Ambet Yuson, grande capo di un'organizzazione di lavoratori edili.

"Hanno già l'esperienza di Sotchi e devono imparare da quella. Se si guarda indietro a Sotchi, si può vedere che la maggior parte degli incidenti è avvenuta alla fine della costruzione. Ormai dovrebbero saperlo bene".

La mafia della FIFA
"La promessa della FIFA di dare importanza ai diritti umani viene messa alla prova in Russia. E la FIFA non sta mantenendo la promessa", ha dichiarato Jane Buchanan, direttore di Human Rights Watch in Europa e Asia Centrale.

L'organizzazione calcistica mondiale ha dichiarato che le accuse non sono vere. La FIFA afferma di fare "più sforzi

di qualsiasi altra organizzazione sportiva" per
proteggere i diritti umani e dei lavoratori.

Gli scandali del Sudafrica e del Brasile?

Il giornalista sudafricano Craig Tanner traccia un quadro
sconcertante delle conseguenze dei Mondiali di calcio in
Sudafrica e Brasile.

Secondo la FIFA, è una grande festa per tutti. Ma con i
recenti scandali di corruzione e gli arresti di funzionari
FIFA, sta emergendo un mondo cupo di conflitti di
interesse e arricchimento personale. Dietro i successivi
scandali di corruzione della FIFA ci sono molti altri
problemi. La FIFA realizza fatturati e profitti elevati
durante i campionati mondiali di calcio.

Mentre i Paesi organizzatori sono costretti a investire
molto denaro in strutture per gli appassionati di calcio.
In cambio, la FIFA promette ai Paesi un aumento del
turismo e delle economie locali. Ma secondo la
popolazione, stanno pagando un prezzo troppo alto per
il festival del calcio.

È un club assetato di sangue che arriva per un po', fa
grandi promesse e poi se ne va per andare a succhiare
sangue altrove", afferma il professore di sociologia A.
Desai dell'Università sudafricana di Johannesburg a
proposito della FIFA.

Anche Romàrio de Souza Faria, il capocannoniere
brasiliano ed ex calciatore internazionale che ha
giocato, tra l'altro, per il PSV, non ha una buona parola
da dire sulla Federazione mondiale del calcio:

La Coppa del Mondo è per gli stranieri, per i ladri che derubano il nostro Paese". '

Più di 1.000 lavoratori edili sono morti

Mentre l'FBI e i procuratori svizzeri indagano sulla corruzione e sull'assegnazione della Coppa del Mondo, sono in corso i preparativi per i prossimi Mondiali in Russia nel 2018 e in Qatar nel 2022. Il Qatar nega, ma secondo la coalizione internazionale dei sindacati, più di mille lavoratori edili sono già morti a causa di situazioni di lavoro non sicure.

Anche i preparativi per i precedenti Mondiali di calcio in Brasile nel 2014 e in Sudafrica nel 2010 stanno producendo conseguenze drastiche.

Costi elevati

Romàrio è ora parlamentare in Brasile. Quando sente che il Brasile potrebbe ospitare i Mondiali di calcio nel 2014, è entusiasta. Ma non dura a lungo: "Ho iniziato a seguire da vicino ciò che stava accadendo e mi ha colpito il fatto che stavamo spendendo il doppio di quanto pensavamo per costruire gli stadi di calcio". L'aumento dei costi è una spina nel fianco per molti brasiliani.

Per anni, il governo non ha investito un centesimo in servizi pubblici importanti come l'istruzione, gli alloggi e l'assistenza sanitaria. Le case vengono demolite per costruire infrastrutture per i turisti del calcio.

Milioni di persone scendono in strada e si sviluppano violenti scontri con la polizia e l'esercito. Il professore ospite C. Gaffney dell'Università di Rio de Janeiro: "Così, nel 2014, una Coppa del Mondo è arrivata a spese di una generazione di scolari che non trovano un medico al pronto soccorso".

Il Brasile sovvenziona i profitti della FIFA

Secondo il governo brasiliano, il costo è stato effettivamente ben speso e fornisce miglioramenti alle infrastrutture. Gli oppositori ritengono che le nuove strutture, come gli aeroporti, servano principalmente gli strati alti della popolazione.

Inoltre, fornisce benefici economici, secondo il vicesindaco di San Paolo N. Campeão: "Tutto ciò che entra in Brasile attraverso il turismo, ad esempio, è un'entrata per il nostro Paese". Ma secondo il visiting professor C. Gaffney dell'Università di Rio de Janeiro, al Brasile costa solo denaro, mentre alla FIFA porta un fatturato storico di oltre 4 miliardi di euro: "La Coppa del Mondo è costata 7 miliardi di euro, di cui 2 miliardi per gli stadi. Quindi, in un Paese con un basso costo del lavoro, si costruiscono stadi estremamente costosi, ma non ci sono soldi per le infrastrutture essenziali. In pratica è un sussidio brasiliano per i profitti della FIFA".

Stadi inutili

I 12 stadi all'avanguardia stanno per essere completati in tempo. Il ritmo dei lavori è micidiale e la costruzione

e la ristrutturazione causano numerosi incidenti mortali.
Ci sono avvisi in anticipo che almeno 4 stadi saranno
inutilizzabili dopo la Coppa del Mondo. Per un quarto di
miliardo di euro, ad esempio, appare uno stadio nel bel
mezzo della remota Amazzonia in una città senza un
club di punta. Il palazzo del calcio è poco utilizzato. Si
pensa di trasformarlo in una prigione.

Bambini di strada e vagabondi rimossi brutalmente
Anche in Sudafrica le imponenti strutture per il festival
del calcio 2010 sono ormai per lo più vuote. La squadra
olandese ha raggiunto il secondo posto. L'euforia è
grande. Ma anche in Sudafrica la storia dietro le quinte
è meno rosea. Secondo Amnesty International, fuori
dalla vista dei turisti e dei media, i bambini di strada e i
vagabondi vengono rimossi brutalmente dalle strade.

Il commentatore politico D. McKinley: "Penso che
questa Coppa del Mondo, come sempre, sia tutta una
questione di apparenza e di immagini. Gli stadi e ciò che
il mondo vede in televisione sono più importanti di ciò
che accade realmente dietro le quinte".

3 miliardi di euro di fatturato
Fino ad allora, la Coppa del Mondo in Sudafrica è il
torneo di calcio più redditizio di sempre. I diritti
televisivi e i contributi degli sponsor garantiscono alla
FIFA entrate per oltre 3 miliardi di euro.

Ma per il Sudafrica i costi stanno sfuggendo di mano,
secondo l'economista S. du Plessis: "La stima iniziale era

che le infrastrutture del torneo sarebbero costate meno di 200 milioni di euro, ma il costo effettivo sarà più vicino ai 2 o 3 miliardi di euro".

È necessario un grande programma di costruzione e ristrutturazione per allestire 10 stadi che soddisfino i requisiti della FIFA. Il governo sudafricano pagherà 1 miliardo di euro. Ci saranno 5 nuove arene di calcio. Anche in città dove ci sono già grandi stadi. Ora, dopo più di cinque anni, i costi di manutenzione di alcuni stadi inutilizzati ammontano ancora a 300.000 euro al mese.

Capitalismo estremo

L'Associazione calcistica ha fatto da specchio a un futuro luminoso per il Sudafrica, grazie all'alta affluenza di pubblico, ai posti di lavoro aggiuntivi e ai miglioramenti infrastrutturali. Ma secondo il professore di sociologia dell'Università di Johannesburg A. Desai, la Coppa del Mondo è una forma di capitalismo estremo: "Il tesoro è stato saccheggiato per un momento storico. Le baraccopoli rimangono e i posti di lavoro no. È come buttare i soldi nello scarico".

Brasiliani furiosi attaccano i veicoli della FIFA

Durante le proteste nella città brasiliana di Salvador, i manifestanti hanno attaccato e danneggiato i veicoli della FIFA. I dipendenti della FIFA in quella città hanno smesso di indossare abiti riconoscibili della FIFA per evitare nuovi incidenti.

Mercoledì scorso si è svolta in città la partita Uruguay-Nigeria nell'ambito della Confederations Cup. Il proseguimento del torneo in Brasile è in serio pericolo a causa delle proteste in corso nel Paese. Diversi media della nazione sudamericana stanno ipotizzando di fermare l'evento, che funge da prova generale per i Mondiali di calcio del 2014 nello stesso Paese ospitante.

Stadi costosi
Circa 1 milione di brasiliani è sceso in piazza in tutto il Paese per protestare contro la cattiva gestione finanziaria e sociale del governo, tra le altre cose. I manifestanti sono particolarmente arrabbiati per il fatto che sono stati costruiti stadi estremamente costosi, mentre a loro avviso non si fa nulla per la povertà del Paese. Le manifestazioni di massa sono entrate nella seconda settimana e sembrano aumentare.

Secondo alcuni rapporti, la FIFA ha già lanciato un appello urgente ai Paesi partecipanti affinché portino a termine il torneo come previsto. Per una squadra, i giocatori avrebbero già fatto pressione sulla dirigenza per tornare a casa a causa dei crescenti dubbi sulla sicurezza, anche per quanto riguarda i familiari che vivono in Brasile.

La moralità dell'ipocrisia?

La Russia potrebbe non essere autorizzata a partecipare ai barrage per la Coppa del Mondo in Qatar alla fine di marzo. La Russia avrebbe dovuto giocare contro la Polonia il 24 marzo; la vincente di quella partita avrebbe affrontato la Svezia o la Repubblica Ceca il 29 marzo nella battaglia per un biglietto per i Mondiali del 2022 in Qatar.

Ciò comporterebbe la sospensione totale delle squadre russe, impedendo loro di partecipare ai tornei internazionali. A tal fine, la FIFA sta lavorando a stretto contatto con la Confederazione europea di calcio UEFA, che sta anche lavorando su ulteriori sanzioni. Con lo Spartak Mosca, c'è un'altra squadra russa sul palcoscenico europeo in questa stagione, negli ottavi di finale di Europa League contro l'RB Leipzig. A sua volta, la squadra femminile russa sarà selezionata per i Campionati Europei della prossima estate in Gran Bretagna.

La Federazione mondiale del calcio ha già annunciato un primo pacchetto di sanzioni domenica sera, ma non era abbastanza esteso per molti Paesi. "Nessuna competizione internazionale può più terminare sul territorio russo, le partite in casa devono essere giocate in campo neutro e senza spettatori", recitava un annuncio della FIFA.

"Inoltre, lo Stato membro che rappresenta la Russia lo farà con il nome RFU (Russian Football Union, ndr) e non più con il nome 'Russia'. Nelle partite internazionali della squadra nazionale sono vietati bandiere e inno nazionale", ha dichiarato la FIFA.

"La FIFA sta ancora tenendo colloqui con la UEFA e il CIO, tra gli altri, riguardo a possibili misure aggiuntive, come l'esclusione da tutte le competizioni, se non si noterà un miglioramento della situazione attuale nel prossimo futuro".

Quindi, anche se la Federazione mondiale di calcio ha minacciato un'esclusione completa, non si è ancora arrivati ufficialmente a questo punto. Polonia, Svezia e Repubblica Ceca, tuttavia, avevano già fatto sapere di non voler giocare contro la Russia nei tornei della Coppa del Mondo. Lunedì si sono aggiunti a loro parecchi Paesi. Inghilterra, Danimarca, Irlanda, Galles, Scozia, Svizzera, Albania e Norvegia, tra gli altri, hanno annunciato di non voler più giocare contro la Russia. La Royal Belgian Football Association KBVB ha a sua volta appoggiato il rifiuto di Polonia, Svezia e Repubblica Ceca di giocare contro la Russia per le qualificazioni ai Mondiali di fine marzo. Per ora, i Paesi Bassi non vogliono più giocare contro la Russia e la Bielorussia.

Come è successo in Qatar?

I decessi avvenuti durante i lavori di costruzione dei Mondiali di calcio in Qatar sono al centro delle critiche nei confronti dell'emirato del deserto.

Ora l'organo di governo mondiale FIFA ha confermato le cifre ufficiali: Si ritiene che tre persone siano morte durante la costruzione degli stadi. Per molto tempo è circolata la cifra di oltre 6.500 morti da quando la Coppa del Mondo è stata assegnata nel 2010. Come è possibile questa discrepanza?

Secondo le informazioni del comitato organizzatore, negli ultimi anni tre persone sono morte in incidenti nei cantieri degli stadi del Qatar, paese ospitante, durante l'orario di lavoro.

Questo è stato confermato dalla federazione mondiale di calcio Fifa prima dell'inizio del torneo alla Deutsche Presse-Agentur.

Altri 37 decessi si sarebbero verificati senza alcun collegamento diretto con i lavori di costruzione ("decessi non correlati al lavoro").

Nel dibattito pubblico si è parlato a lungo di 6500 morti dall'assegnazione della Coppa del Mondo. Questa cifra proviene da un rapporto del quotidiano inglese "The Guardian". La verità non sta in nessuno dei due estremi:

le cifre sono troppo basse in un caso e troppo alte nell'altro.

In quali circostanze è nata la figura del "Guardiano"?

Il numero di morti direttamente collegate alla Coppa del Mondo è troppo alto. In un articolo dello scorso febbraio, il giornale ha scritto che "più di 6500 lavoratori migranti sono morti in Qatar da quando è stata assegnata la Coppa del Mondo".

La figura comprende i dati ufficiali di India, Bangladesh, Nepal, Sri Lanka (per un totale di 5927 decessi) e Pakistan (824 decessi) dal 2011 al 2020. (Il luogo e la causa dei decessi non sono specificati.

Il rapporto del giornale inglese sottolinea poi che ci sarebbero stati 37 morti durante la costruzione delle arene, di cui 34 cosiddetti non legati al lavoro, senza alcun collegamento diretto con i lavori.

Il "Guardian" riporta i dati del Supreme Committee for Delivery & Legacy (in breve: SC), che pianifica ed è responsabile della Coppa del Mondo nell'emirato del deserto in modo analogo a un comitato organizzatore.

Quanti morti ci sono stati, al momento, secondo i dati ufficiali del comitato organizzatore?
Oltre ai 37 decessi avvenuti durante la costruzione degli stadi citati dal Guardian, altri tre si sono verificati nel

2021. Per ognuno di questi casi si parla di "decessi non legati al lavoro".

Il totale ufficiale è quindi salito a 40 nell'anno precedente, di cui 37 erano "morti non legate al lavoro" e tre erano morti direttamente collegate alla costruzione dello stadio. In altre parole, non c'è dubbio che gli oltre 6500 lavoratori ospiti del rapporto del "Guardian" siano morti in Qatar tra il 2011 e il 2020. Tuttavia, questa cifra include settori non toccati dall'ospitalità della Coppa del Mondo (come i dipendenti domestici o degli alberghi).

Tuttavia, la cifra di 40 morti indicata ufficialmente dal comitato organizzatore è troppo bassa: non comprende i lavoratori migranti morti durante la costruzione di strade ed edifici o altri progetti infrastrutturali che sono stati indubbiamente realizzati a causa della Coppa del Mondo.

Così ha scritto Nicholas McGeehan sul "Guardian" all'epoca. Con la sua organizzazione Fair Square, si batte per i diritti dei lavoratori nella regione del Golfo. McGeehan ha affermato che: "Una gran parte dei lavoratori ospiti che sono morti dal 2011 erano nel Paese solo perché il Qatar ha vinto la candidatura per ospitare la Coppa del Mondo".

In altre parole, senza la Coppa del Mondo molti progetti non sarebbero stati realizzati, anche se non

direttamente legati all'organizzazione del torneo, come
la costruzione di uno stadio.

**40 e tre: come fa il comitato organizzatore della Coppa
del Mondo a elaborare le sue statistiche?**
Tra 6500 ("Guardian") e 40 (dati ufficiali) c'è una
discrepanza estremamente grande - e ancora di più se si
considerano solo i tre decessi citati, che secondo la SC
sono direttamente collegati alla costruzione degli stadi
della Coppa del Mondo.

Non si trovano informazioni più dettagliate su questi tre
lavoratori morti.

Ma: Uno sguardo alle pubblicazioni del comitato
organizzatore chiarisce come l'organizzatore interpreti il
fatto che la morte sia direttamente collegata al lavoro o
meno. Ad esempio, si legge: "Il 29 giugno, un uomo
indiano di 38 anni che lavorava come carpentiere al
Lusail Stadium è stato trasportato in ospedale durante
la pausa con vertigini (...) e dolori al petto (...), dove poi
ha avuto un arresto cardiaco ed è morto". Questo è uno
dei tre decessi avvenuti nel 2021 che SC considera come
"decessi non legati al lavoro".

Un secondo uomo, un 21enne indiano, è morto in
ospedale a metà agosto dopo essere stato trovato senza
reagire nella sua stanza. Causa ufficiale del decesso:
insufficienza multipla degli organi e arresto cardiaco.
All'inizio di ottobre, un uomo pakistano di 47 anni è

sceso da un escavatore perché "non si sentiva bene",
secondo il documento della SC.

Si è accasciato accanto alla sua attrezzatura di lavoro e
non è stato possibile rianimarlo. Causa ufficiale del
decesso: insufficienza cardiaca acuta per cause naturali.
Non si può negare la vicinanza all'attività di cantiere, ma
il Comitato di vigilanza li dichiara "decessi non legati al
lavoro".

Nella metà degli altri 34 decessi che si dice non siano
direttamente collegati al lavoro, la causa del decesso
non è stata nemmeno indagata in primo luogo; nell'altra
metà, l'arresto cardiaco è spesso documentato - anche
se non è probabile che sia la causa, ma semplicemente
la determinazione della fine della vita.

Cosa dicono i responsabili del comitato organizzatore della Coppa del Mondo?

Mahmoud Qutub è l'uomo responsabile della tutela dei
diritti di coloro che lavorano o hanno lavorato nei
cantieri della Coppa del Mondo. È il direttore esecutivo
del Comitato per i diritti del lavoro. Qutub ha studiato a
Washington, D.C., e successivamente ha conseguito un
Master in Business Administration a Durham, nella
Carolina del Nord.

Parlando in perfetto inglese ai rappresentanti dei
media, a cui RND ha partecipato, spiega che le cause di
morte dei lavoratori deceduti vengono esaminate

secondo le procedure stabilite ("Incident Investigation Procedure").

In alcuni casi, i familiari non volevano che venisse eseguita l'autopsia". Secondo il rapporto, le cause di morte non sono state determinate in circa la metà dei "decessi non legati al lavoro".

Qutub ha anche sottolineato che esiste una distinzione comprensibile dei decessi a seconda che siano direttamente o indirettamente legati ai lavori di costruzione.

L'emiro del Qatar Tamim Al Thani parla di una "campagna senza precedenti".
A circa quattro settimane dall'inizio dei Mondiali di calcio, il sovrano del Qatar si è nuovamente lamentato del livello di critiche mosse al suo Paese nel periodo precedente al torneo. "Da quando abbiamo avuto l'onore di ospitare la Coppa del Mondo, il Qatar è stato sottoposto a una campagna senza precedenti che nessun Paese ospitante ha mai sperimentato", ha dichiarato martedì nella capitale Doha l'emiro Tamim Bin Hamad Al Thani.

A poco meno di un mese dall'inizio dei Mondiali di calcio in Qatar, la FIFA riporta un totale di tre morti nei cantieri degli stadi. Gli altri 37 decessi non sarebbero direttamente collegati ai lavori. Questa statistica differisce ampiamente dal numero di morti riportato dai media britannici.

43

Secondo le informazioni fornite dal comitato organizzatore, negli ultimi anni tre persone sono morte in incidenti nei cantieri degli stadi del Qatar, paese che ospita la Coppa del Mondo, durante l'orario di lavoro. La FIFA ha confermato la notizia ben un mese prima dell'inizio del torneo (20 novembre-18 dicembre) in risposta a una richiesta della Deutsche Presse-Agentur. Ha dichiarato che sono stati registrati altri 37 decessi, ma che questi lavoratori non sono morti mentre lavoravano nei cantieri. Il comitato organizzatore classifica quindi questi casi come "decessi non legati al lavoro", ossia decessi non direttamente legati al lavoro.

I media britannici avevano scritto di migliaia di lavoratori morti per sbornia nel corso degli anni, da quando la Coppa del Mondo è stata assegnata nel dicembre 2010. L'emirato critica questo resoconto per non aver differenziato i decessi e indica numerose riforme. Queste sono state a loro volta criticate dalle organizzazioni per i diritti umani. Amnesty International e Human Rights Watch chiedono inoltre l'istituzione di un fondo di compensazione, che anche la Federcalcio tedesca sostiene.

Il presidente della DFB Bernd Neuendorf si recherà in Qatar con il ministro degli Interni tedesco Nancy Faeser (SPD) alla fine di ottobre. "Il viaggio si concentrerà sulle questioni relative ai diritti umani che verranno discusse durante il torneo, come la protezione delle persone omosessuali da discriminazioni e persecuzioni, e la responsabilità dei lavoratori migranti che hanno costruito gli stadi della Coppa del Mondo", ha dichiarato una portavoce del ministro federale degli Interni.

In vista dei Mondiali di calcio in Qatar, continuano le critiche nei confronti del paese ospitante. In particolare, le violazioni dei diritti umani nel Paese sono un punto frequente di critica. Amnesty International, un'organizzazione che difende i diritti umani, ha protestato domenica davanti alla Porta di Brandeburgo chiedendo un risarcimento alla FIFA.

Con un'azione artistica alla Porta di Brandeburgo, Amnesty International ha richiamato l'attenzione sulle violazioni dei diritti umani in Qatar a poco meno di un mese dall'inizio della Coppa del Mondo. Allo stesso tempo, l'organizzazione ha chiesto alla FIFA, l'organo di governo mondiale, di assumersi le proprie responsabilità e di impegnarsi per ottenere un risarcimento. I partecipanti alla protesta hanno steso uno stendibiancheria e vi hanno appeso magliette con termini come censura della stampa, lavoro forzato, discriminazione, divieti sindacali e arbitrarietà giudiziaria. Il Qatar ospiterà i Mondiali di calcio dal 20 novembre al 18 dicembre.

Il ricco emirato è stato ripetutamente criticato per le sistematiche violazioni dei diritti umani e lo sfruttamento dei migranti. Secondo Amnesty, circa due milioni di lavoratori migranti vivono e lavorano in Qatar e centinaia di migliaia di loro sono coinvolti nei progetti della Coppa del Mondo. Il governo respinge le accuse e cita le riforme a favore dei lavoratori.

Amnesty vuole che la FIFA si faccia promotrice di un meccanismo di compensazione. Con lo slogan "Calcio sì. Sfruttamento no", devono essere messi a disposizione pagamenti per almeno 440 milioni di dollari USA.

Schiavi o lavoratori?

Discriminazione, salari da fame, maltrattamenti: Un nuovo rapporto sulle condizioni di lavoro nei cantieri della Coppa del Mondo in Qatar dipinge un quadro spaventoso.

Londra. Un'organizzazione per i diritti umani ha presentato nuove e dettagliate accuse di sfruttamento dei lavoratori negli stadi della Coppa del Mondo in Qatar. Secondo il rapporto pubblicato giovedì dall'organizzazione londinese Equidem, i lavoratori provenienti da Paesi a basso reddito sono stati discriminati, non hanno ricevuto il loro salario e hanno subito abusi e maltrattamenti.

Per il rapporto di 75 pagine, l'organizzazione ha dichiarato di aver parlato con 60 lavoratori nell'arco di due anni, tutti desiderosi di rimanere anonimi.

I loro resoconti suggeriscono che le riforme del mercato del lavoro adottate dal Qatar negli anni precedenti la Coppa del Mondo sono state in molti casi ignorate nella realtà.

Hanno riferito di aver dovuto pagare le tasse di collocamento per l'impiego, lasciandoli pesantemente indebitati prima ancora di iniziare. Lunghe giornate di lavoro in un caldo soffocante erano all'ordine del giorno, e gli africani e le persone provenienti dall'Asia meridionale dovevano svolgere i lavori più pericolosi.

Le proteste o la formazione di sindacati erano proibite.
Avevano paura di protestare, perché altrimenti
avrebbero potuto perdere il lavoro, hanno riferito i
lavoratori.

Il Qatar parla di imprecisioni e interpretazioni errate
L'autrice principale del rapporto, Namrata Raju, ha
affermato che gli spettatori dovrebbero essere
consapevoli che gli stadi in cui siedono sono stati creati
in condizioni che potrebbero essere descritte, almeno in
parte, come lavoro forzato o una forma di schiavitù
moderna. Amnesty International e Human Rights Watch
hanno documentato abusi simili.

Interpellato sul rapporto di Equidem, l'ufficio stampa
del Qatar ha dichiarato che nel solo mese di ottobre
sono state effettuate 3700 ispezioni e sono state
applicate le tutele del lavoro. L'ente responsabile di
ospitare la Coppa del Mondo, il Comitato supremo per
l'attuazione e l'eredità del torneo, ha affermato che il
rapporto di Equidem è pieno di imprecisioni e
interpretazioni errate. Le riforme attuate dal 2014
hanno migliorato significativamente la situazione dei
lavoratori.

Questa settimana un'impresa edile francese è stata
ufficialmente indagata per possibili violazioni dei diritti
umani nei cantieri della Coppa del Mondo in Qatar. Le
accuse riguardano il lavoro forzato, le condizioni di vita

e di lavoro disumane e la retribuzione inadeguata dei lavoratori migranti.

Indagini contro un'azienda francese: Lavoro moderno in schiavitù nei cantieri della Coppa del Mondo?
Tra pochi giorni inizieranno i Mondiali di calcio in Qatar e, ancora una volta, le notizie sulle devastanti condizioni di lavoro nei cantieri della Coppa del Mondo fanno notizia. Sono state avviate indagini ufficiali contro un'impresa di costruzioni francese.

Hannover/Parigi. Un'impresa edile francese è stata ufficialmente indagata per possibili violazioni dei diritti umani nei cantieri della Coppa del Mondo in Qatar. Le accuse riguardano il lavoro forzato, le condizioni di vita e di lavoro disumane e il pagamento insufficiente dei lavoratori migranti, ha annunciato mercoledì l'organizzazione per i diritti umani Sherpa.

Una portavoce dell'ufficio del pubblico ministero di Nanterre, vicino a Parigi, ha confermato alla CNN giovedì le indagini ordinate da un giudice contro Vinci Construction Grands Projets, una filiale del gruppo edile francese Vinci.

I dipendenti di Sherpa hanno dichiarato di essersi recati in Qatar già nel 2014 per raccogliere prove di presunte condizioni di lavoro inadeguate nei cantieri della Coppa del Mondo. Nella sua dichiarazione, l'organizzazione per i diritti umani cita, tra le altre cose, il lavoro forzato durante il caldo estremo, con temperature superiori ai

45 gradi e senza rifornimento d'acqua, la privazione del passaporto e le cattive condizioni abitative con servizi igienici inadeguati e assenza di aria condizionata.

Alla denuncia, presentata nel 2019 e che cita come testimoni dodici ex lavoratori edili, si è aggiunta l'organizzazione francese per i diritti umani Comité contre l'Esclavage Moderne.

"Le aziende non sono al di sopra della legge. Questa incriminazione invia un segnale forte contro l'impunità delle multinazionali. Dimostra che l'uso del lavoro forzato nelle loro catene del valore può essere perseguito", ha dichiarato il direttore esecutivo di Sherpa Sandra Cossart.

Critiche alle condizioni di lavoro nei cantieri della Coppa del Mondo per anni
Un avvocato della Vinci Construction Grands Projets ha negato le accuse alla CNN e ha annunciato che avrebbe impugnato la decisione del giudice di autorizzare le indagini. L'avvocato ha accusato la mancanza di tempo per prepararsi all'udienza di questa settimana e ha parlato di prove insufficienti a sostegno delle accuse.

Da quando i Mondiali di calcio sono stati assegnati al Qatar (20 novembre-18 dicembre), sono state regolarmente sollevate critiche sulla situazione dei diritti umani e sulla situazione dei numerosi lavoratori provenienti da tutto il mondo. All'inizio del 2021 il britannico "Guardian" ha riferito di 6500 lavoratori di cinque Paesi asiatici morti nei cantieri dell'emirato negli ultimi dieci anni.

Giovedì, un'organizzazione per i diritti umani ha presentato nuove e dettagliate accuse di sfruttamento dei lavoratori negli stadi della Coppa del Mondo. Secondo il rapporto di Equidem, un'organizzazione con sede a Londra, i lavoratori provenienti da Paesi con bassi salari sono stati discriminati, non hanno ricevuto il loro salario e hanno subito abusi e maltrattamenti. Per il rapporto di 75 pagine, l'organizzazione ha dichiarato di aver parlato con 60 lavoratori nell'arco di due anni, tutti desiderosi di rimanere anonimi.

La FIFA deve assumersi la responsabilità?

Per compensare lo sfruttamento e la morte dei lavoratori migranti nei cantieri della Coppa del Mondo, le organizzazioni per i diritti umani chiedono al Qatar e alla Fifa di istituire un fondo di compensazione. Finora l'emirato del deserto si è rifiutato di effettuare tale pagamento. Human Rights Watch sta facendo una chiara richiesta all'Associazione mondiale di calcio.

Wenzel Michalski, direttore per la Germania di Human Rights Watch, ha chiesto alla federazione mondiale di calcio di istituire un fondo di risarcimento per le vittime dei cantieri per la Coppa del Mondo in Qatar. "La Fifa deve intervenire. Non possono semplicemente dire: se il governo non partecipa, ci sottraiamo alla responsabilità", ha dichiarato Michalski al RedaktionsNetzwerk Deutschland (RND).

Insieme ad Amnesty International, l'organizzazione per i diritti umani chiede il pagamento di 440 milioni di euro. L'emirato del deserto e la Fifa dovrebbero pagare per i lavoratori ospiti che sono stati sfruttati nei cantieri della Coppa del Mondo o hanno perso la vita. La somma equivale al montepremi delle 32 squadre nazionali partecipanti alla Coppa del Mondo. "Non si tratta solo dei morti durante la costruzione degli stadi, ma in generale durante la costruzione delle infrastrutture per la Coppa del Mondo", sottolinea Michalski.

Il Ministro del Lavoro del Qatar Ali bin Samich Al Marri
ha recentemente definito la richiesta di un fondo di
compensazione una "trovata pubblicitaria". "Ogni morte
è una tragedia", ha riconosciuto Al Marri, ma ha
sottolineato: "Non ci sono criteri per istituire questi
fondi. Dove sono le vittime? Avete i nomi delle vittime?
Come si ottengono questi numeri?". Da Human Rights
Watch, quindi, arriva ancora una volta una chiara
richiesta in direzione della Fifa poco prima dell'inizio
della Coppa del Mondo. "Non si tratta solo di un obbligo
morale, ma di un obbligo legale. Il datore di lavoro deve
pagare per le famiglie dei lavoratori che sono morti o
che ora non sono in grado di lavorare".

Ufficialmente, tre morti nei cantieri della Coppa del
Mondo
Secondo i dati ufficiali del comitato organizzatore, tre
morti sarebbero avvenute nei cantieri dello stadio.
Inoltre, si parla di altri 37 decessi che vengono definiti
"non legati al lavoro", il che significa che, secondo
l'organizzatore, non erano in diretta collaborazione con
i lavori di costruzione. Secondo un rapporto del
quotidiano inglese "Guardian" dell'inizio dell'anno
scorso, più di 6.500 lavoratori migranti provenienti da
India, Pakistan, Nepal e Bangladesh sono morti da
quando il torneo è stato assegnato nel 2010.

I Mondiali di calcio nella capitale del Qatar, Doha,
iniziano il 20 novembre e la finale si svolgerà il 18
dicembre. L'emirato del deserto è stato oggetto di
pesanti critiche non solo per il trattamento riservato ai

lavoratori migranti, ma anche per i diritti delle donne e della comunità LGBTQ+.

Secondo il presidente della DFB Bernd Neuendorf, anche l'organo di governo mondiale FIFA deve assumersi le proprie responsabilità nei confronti dei lavoratori che hanno subito incidenti durante la costruzione degli stadi della Coppa del Mondo in Qatar. Anche la DFB deve assumersi questa responsabilità", ha sottolineato Neuendorf durante la cerimonia di premiazione organizzata lunedì dalla DFB.

Secondo il presidente della DFB, Bernd Neuendorf, l'organo di governo del calcio mondiale, la FIFA, deve assumersi le proprie responsabilità nei confronti dei lavoratori morti o feriti durante la costruzione degli stadi della Coppa del Mondo in Qatar, che ora non sono in grado di sfamare le proprie famiglie. Anche la DFB deve assumersi questa responsabilità", ha dichiarato Neuendorf lunedì sera in occasione della cerimonia di consegna dei premi Julius Hirsch dell'Associazione calcistica tedesca (DFB) a Dresda.

Ha anche discusso la questione con il Presidente della FIFA Gianni Infantino durante il suo viaggio in Qatar. Ha detto che l'assegnazione del torneo è stata vista in modo molto critico. "Credo che il torneo abbia già cambiato lo sport", ha detto Neuendorf. In futuro, ha detto, l'assegnazione dovrà basarsi anche su criteri di diritti umani. Questo sarà un criterio importante per la FIFA, ha detto. "Questo significa che lo sport è diventato più politico", ha spiegato Neuendorf, parlando di uno sviluppo positivo. Il calcio deve alzare la voce, ha detto. La Coppa del Mondo nell'emirato inizia il 20 novembre e termina il 18 dicembre.

Quest'anno la DFB ha premiato, tra gli altri, il club di lega distrettuale SV Blau-Weiß Grana di Zeitz, in Sassonia-Anhalt, con il premio Julius Hirsch. Il club aveva accolto molti rifugiati. Tra gli altri premiati figurano la rete educativa Lernort Stadion di Berlino e la rete Erinnerungsarbeit nell'ambito dell'Hamburger SV. Il premio onorario è andato a Burak Yilmaz, educatore e scrittore di Duisburg.

La DFB commemora le vittime ebree del regime nazista con questo premio ogni anno dal 2005. Singoli, club e istituzioni vengono premiati per il loro impegno nella lotta all'antisemitismo e alla discriminazione. Il premio prende il nome da Julius Hirsch. Era un giocatore nazionale della DFB, partecipante alle Olimpiadi e due volte campione tedesco. Fu assassinato ad Auschwitz nel 1943.

Nel cosiddetto sistema della kafala, i datori di lavoro ("sponsor") esercitano un grado eccessivo di controllo sui lavoratori migranti e sul loro status giuridico. Fino a poco tempo fa, i lavoratori migranti potevano cambiare lavoro o lasciare il Paese solo con il consenso dei loro datori di lavoro. A causa dell'estrema dipendenza dai loro datori di lavoro, i lavoratori possono difficilmente

difendersi da sfruttamento, abusi e maltrattamenti.
Sono completamente alla mercé dei loro sponsor.

Sebbene il regolamento sulla kafala sia stato abolito per
legge in Qatar, continua a essere applicato nella pratica
e la sua abolizione viene sempre più spesso rimessa in
discussione. Il Qatar ha abolito il requisito del permesso
di uscita e del certificato di non obiezione (NOC) per la
maggior parte dei lavoratori migranti, consentendo
loro, in teoria, di lasciare il Paese e cambiare lavoro
senza chiedere il consenso dei loro sponsor. Di fatto,
però, i datori di lavoro hanno ancora la possibilità di
impedire ai lavoratori di cambiare lavoro e di
controllare il loro status legale. Anche la trattenuta di
salari e indennità rende difficile per i lavoratori lasciare
il posto di lavoro. I lavoratori migranti continuano a
dipendere dai loro datori di lavoro per entrare e
rimanere in Qatar. I datori di lavoro possono ancora
intentare cause per "abbandono del posto di lavoro
senza permesso" e cancellare i permessi di soggiorno -
pratiche di cui si abusa per controllare la forza lavoro.

Per i lavoratori migranti sfruttati è difficile rivendicare i
propri diritti o ricevere un risarcimento. Non possono
iscriversi ai sindacati e quindi non possono lottare
insieme per migliorare le condizioni di lavoro.

Dovremmo boicottare gli eventi sportivi in Paesi con
una discutibile situazione dei diritti umani? Da quando,
10 anni fa, la Coppa del Mondo è stata assegnata al
Qatar, sono stati lanciati appelli al boicottaggio a causa

della precaria situazione dei diritti umani. I tifosi, i giocatori e i club di calcio chiedono di ritirare il sostegno alla Coppa del Mondo in Qatar, esprimendo la loro protesta contro la decisione della FIFA e lo sfruttamento dei migranti. Le preoccupazioni per i diritti umani sono troppo grandi, il retrogusto di una gioiosa festa del calcio in mezzo all'ingiustizia è troppo amaro: le ragioni per boicottare un evento sportivo come la Coppa del Mondo in Qatar sono ovvie.

Allo stesso tempo, i grandi eventi sportivi come la Coppa del Mondo hanno anche il potenziale per rendere visibili le violazioni dei diritti umani e apportare miglioramenti. La Coppa del mondo di calcio è uno degli eventi sportivi più seguiti al mondo. Nel 2018, più della metà della popolazione mondiale ha seguito i Mondiali. Amnesty International ha deciso consapevolmente di non boicottare i Mondiali di calcio in Qatar, scegliendo invece di sfruttare l'attenzione del mondo come opportunità per un cambiamento positivo. Vogliamo concentrare l'attenzione su coloro che rendono possibile questo grande evento: i lavoratori migranti. Il nostro ruolo come organizzazione per i diritti umani è quello di documentare la drammatica situazione dei lavoratori migranti intorno alla Coppa del Mondo, di sensibilizzare il mondo sulle loro sofferenze e di fare pressione sui responsabili per ottenere un cambiamento. Stiamo utilizzando il periodo che precede la Coppa del Mondo per evidenziare lo sfruttamento dei lavoratori migranti, chiedere riforme e migliorare la loro situazione.

A seguito della segnalazione, il Qatar ha già preso importanti provvedimenti per proteggere meglio i lavoratori - passi importanti, ma ovviamente solo un primo inizio. Con la crescente pressione internazionale degli ultimi anni, nel 2017 il governo del Qatar si è impegnato ad abolire il sistema della kafala e ad avviare altre importanti riforme. Da allora, sono stati effettivamente compiuti importanti progressi in Qatar, con l'introduzione di nuovi quadri giuridici e iniziative che migliorano la situazione dei lavoratori migranti. Tra queste, una legge che regola l'orario di lavoro dei lavoratori domestici, tribunali del lavoro per facilitare l'accesso alla giustizia, un fondo per il pagamento dei salari non pagati e un salario minimo. Il Qatar ha anche abolito le leggi che in precedenza imponevano ai lavoratori migranti di ottenere il permesso dei loro datori di lavoro per cambiare lavoro o lasciare il Paese. Sono stati ratificati due importanti trattati sui diritti umani (senza però riconoscere il diritto di formare sindacati). Se pienamente attuate, queste riforme possono contribuire a eliminare gli aspetti più problematici del sistema kafala e consentire ai lavoratori migranti di sfuggire a condizioni di lavoro abusive e di sfruttamento e di chiedere un risarcimento.

Da allora, però, si sono registrati anche regressi e stagnazioni. Nonostante i processi di riforma avviati, la vita quotidiana di molti lavoratori migranti in Qatar rimane dura e lo sfruttamento continua, in parte perché le riforme annunciate non sono ancora state effettivamente attuate. È quindi giunto il momento che il Qatar mantenga finalmente le promesse fatte e che anche la FIFA si assuma le proprie responsabilità. In qualità di organizzatore della Coppa del Mondo, la FIFA deve parlare pubblicamente e chiedere al governo del Qatar di attuare il suo programma di riforma del lavoro prima della partita inaugurale della Coppa del Mondo. Amnesty International non si stancherà di ricordare pubblicamente alla FIFA le sue responsabilità.

Il Qatar vuole comprare il riconoscimento?

Il film di Jochen Breyer "Secret Affair Qatar" ha sollevato un polverone ancor prima di essere trasmesso martedì sera. "Pensi che essere gay sia un peccato?", ha chiesto Breyer a uno degli ambasciatori della Coppa del Mondo del Qatar, l'ex stella del calcio Khalid Salman. L'unico qatariota a cui è stato permesso di recarsi sul posto - dove i rapporti con i media sono strettamente controllati. "Sì, danni mentali", ha risposto l'uomo. Il supervisore qatariota del team cinematografico della ZDF di Breyer voleva in realtà interrompere l'intervista in anticipo. In particolare, nel momento in cui la conversazione si è spostata sugli ospiti gay della Coppa del Mondo, che non sono "ammessi" secondo la legge del Qatar.

"Khalid non è la persona più adatta a commentare la legge", interrompe l'intervista l'addetto del comitato organizzatore ufficiale della Coppa del Mondo. Niente più domande su questo! Ma Khalid Salman non ha ancora detto tutto ciò che è importante per lui. Continua a parlare di come sarebbe un problema se i bambini vedessero i gay. "Perché è un danno per la mente", in tedesco all'incirca: "Essere gay è un danno mentale".

In generale, Jochen Breyer porta delle sorprendenti intuizioni dallo Stato desertico nel suo documentario "Geheimsache Qatar": Anche sul legame della Bundesliga tedesca con il Qatar e in particolare con l'associazione europea dei top club "European Club Association". Secondo le ricerche del documentario della ZDF, Karl-Heinz Rummenigge, che ha guidato l'associazione fino al 2017, è entrato in gioco quando l'assegnazione della Coppa del Mondo al Qatar, decisa nel 2010, ha subito forti pressioni negli anni successivi. Molte big del calcio europeo, come la Premier League inglese, si sono espresse contro una Coppa del Mondo invernale in Qatar. Non sarebbe stato comunque possibile giocare a 40-50 gradi in estate.

Le regole in Qatar

In molti Paesi europei, il calcio è lo sport nazionale numero uno e quindi un argomento emotivo per molte persone. In particolare durante i Mondiali di calcio, l'intera nazione è solita fare il tifo per la propria squadra e celebrare i giocatori come eroi. In occasione della controversa Coppa del Mondo in Qatar, tuttavia, oltre allo sport c'è molto altro di cui parlare.

L'emirato è accusato di varie violazioni dei diritti umani e viene criticato da più parti.

I lavoratori ospiti hanno perso la vita nei cantieri della Coppa del Mondo e il numero varia da pochi a migliaia. Tuttavia, nessuno in Qatar vuole assumersi la responsabilità di queste morti.

Per verificare di persona la situazione, il Ministro degli Interni tedesco Nancy Faeser si è recata in Qatar. Dopo la sua visita, ha tratto una conclusione positiva.

Il Primo Ministro del Qatar le aveva garantito la sicurezza per tutti i visitatori della Coppa del Mondo, compresi gli omosessuali. Tuttavia, è importante che gli appassionati di calcio seguano alcune regole nell'emirato.

Vi mostriamo le regole più importanti da conoscere sul consumo di alcol, sul codice di abbigliamento, sulla sessualità e sul comportamento generale in pubblico.

Si possono bere alcolici in Qatar?
La Fifa ha negoziato con gli organizzatori del Qatar dove
e da chi può essere consumato l'alcol come eccezione
durante la Coppa del Mondo. Normalmente l'alcol è un
tabù assoluto in tutto il Paese, ma il Qatar ha basato il
suo divieto sul Corano.

Le bevande alcoliche non saranno servite negli stadi.
Sarà invece possibile acquistare e consumare alcolici in
alcune aree esterne dello stadio prima e dopo le partite.
Inoltre, dalle 18.30 sarà allestito un fan mile dove
saranno vendute bevande alcoliche.

Alcuni bar o ristoranti potranno anche vendere alcolici a
persone che possono dimostrare di avere più di 21 anni.
Per accogliere gli appassionati, le navi da crociera sono
ancorate nel porto di Doha e le bevande alcoliche
possono essere servite anche a bordo.

Nonostante queste eccezioni, tuttavia, è importante che
tutti i visitatori rispettino la cultura locale, hanno
dichiarato gli organizzatori. Chi è troppo ubriaco deve
aspettarsi di essere portato in determinate aree per
smaltire la sbornia. L'urinazione in pubblico è punita con
multe, mentre l'uso o il traffico di droga sono soggetti a
pene molto più severe.

Qual è il codice di abbigliamento in Qatar?
Durante la Coppa del Mondo, il Qatar avrà temperature
estive intorno ai 25 gradi centigradi e oltre. Tuttavia,

l'abbigliamento estivo non sarà all'ordine del giorno per i tifosi in loco, come hanno chiarito i padroni di casa relativamente presto. L'abbigliamento deve coprire il corpo almeno dalle spalle alle ginocchia, e anche le scollature profonde non sono desiderate.

Il costume da bagno, il bikini o addirittura il topless sono consentiti solo nelle piscine o nelle spiagge in cui ciò è esplicitamente indicato.

È consentito baciarsi in pubblico in Qatar?
In breve, tutto ciò che va oltre il tenersi per mano non è gradito in pubblico. Il portale di viaggi "qatar-travel" lo sottolinea. Questo include i baci, ma anche gli abbracci. Chi si oppone, deve mettere in conto delle punizioni.

Il fatto che anche la prostituzione sia vietata e severamente punita non sorprende più.

Quali regole si applicano agli omosessuali in Qatar?
L'omosessualità è illegale in Qatar. Secondo il Ministero degli Esteri tedesco, i viaggiatori LGBTQI+ devono sapere che nello Stato islamico "gli atti omosessuali e i rapporti sessuali non matrimoniali sono proibiti e punibili penalmente".

Quindi, anche se il Ministro federale degli Interni ha garantito la sicurezza di tutti i tifosi della Coppa del Mondo di calcio, ognuno deve essere consapevole che mostrare affetto allo stesso sesso in pubblico può comportare pene molto più drastiche rispetto alle persone eterosessuali. Gli atti omosessuali possono essere puniti con un massimo di sette anni di carcere e, in teoria, con la sharia è possibile anche la pena di morte, ma non si conoscono casi in cui sia stata applicata.

Dopo le dichiarazioni omofobe dell'ambasciatore della Coppa del Mondo del Qatar, Salman, l'Associazione Lesbiche e Gay (LSVD), tra le altre, ha espresso preoccupazione per la sicurezza delle persone LGBTQI+. L'avviso di viaggio richiesto per il gruppo di persone in questione è stato tuttavia respinto dal Ministero degli Esteri tedesco.

Le coppie dello stesso sesso che vogliono prenotare una camera d'albergo insieme devono quindi aspettarsi di essere respinte. Le migliori possibilità di ottenere una camera in Qatar per le coppie omosessuali sono le catene alberghiere internazionali. La piattaforma di prenotazione "misterb&b" elenca le strutture ricettive LGBTQI+-friendly in tutto il mondo, e i viaggiatori possono trovare anche hotel in Qatar attraverso di essa.

In Qatar sono consentite dichiarazioni o critiche politiche?
Che le critiche al Qatar non siano ben accette nell'emirato è diventato relativamente chiaro nelle ultime settimane. Più volte gli organizzatori della Coppa del Mondo e i politici del Paese si sono lamentati di come gli altri Paesi li avrebbero giudicati. Per questo

motivo, i tifosi locali dovrebbero astenersi dal fare
dichiarazioni o critiche politiche.

www.ingramcontent.com/pod-product-compliance
Lightning Source LLC
Chambersburg PA
CBHW061300140726
47998CB00006B/2308